Dieses Buch ist gewidmet
- meinen Eltern, die mit ihrer Liebe den Grundstein legten ...
- all jenen, die sich auf mich einlassen und sich mit mir reiben.
Sie entfachen ein immerwährendes wärmendes Feuer.
- meinem Meister Rajagopalachari, ohne den ich nur ein leerer Fleischsack wäre.

© STEFAN WOLFF 2001

Umschlaggestaltung schwecke.mueller

Stefan Wolff

Wolfenherz
Initiatische Gedichte

München 2001

ERKENNTNISSE

ERDBEEREN

Beeren von der Erde,
voll und rund,
zergehen in meinem Mund,
rutschen durch die Kehle,
auch in meine Seele.
Röten sie,
mit kleinen grünen Punkten,
und für Sekunden
fühl' ich mich
mit dir Mama Erde,
auf's innigste verbunden.

GOTTESAUGE

Unvermittelt
blickt
der Baum mir
mitten ins Herz,
verbindet sich
mit meinem Licht,
nimmt mir den Schleier
von den Augen.

Ein Tautropfen

löst sich aus meinem Schauen.
Läßt meine Wangen glühen,
wie an jenem Morgen,
als die Sonne
zum ersten mal
für mich aufging.

Dabei war's doch nur ein Astloch.

SCHNECKE

Hallo Schnecke!
Du langsame du,
du Weise du.

Sprich zu mir!

Dem Ungeduldigen,
dem Rastlosen.

Sag mir bitte dein Geheimnis.
Ich würd's so gerne wissen.
Wo kommst du her?
Wo gehst du hin?
Macht dein Wandern
überhaupt einen Sinn?

Stumm bleibst du,
taub sind meine Ohren.
Muß wohl noch lange sitzen,
um dich zu verstehen.

Wolfenherz

Ich habe - deinen Schädel gespalten.
Ich habe - dir die Kehle durchgebissen.
Ich habe - deine Möse zerfetzt und verschlungen.

Alles verbunden mit einem einzigen Schrei:

Warum!!!???

Jetzt einige Zeit später habe ich die Antwort
entdeckt:

Durch all den Schmerz
fand ich mein Wolfenherz

und in ihm

Mut
Kraft
Tatendrang
und viel, viel Liebe

zu mir und zum Leben.

Für dieses Geschenk danke ich dir!

Loslassen

Loslassen
im Vertrauen darauf,
daß ich falle,
versinke,
untergeh'.

Durchlässig werden
für das Fließen,
das nur sein kann,
wenn gelassen wird,
was starr und fest
an Sichrem klebt.

Lassen ist das Sterben üben,
um ins Leben geboren zu werden.

Die Wahrheit liegt im Widerspruch,
der trennt,
was immer schon ein Ganzes war.

Totentanz

Mein Herz ist die Trommel,
die zum Totentanz ruft.
Zum Tanz auf meinem Grab.

Dem Grab der Vorstellungen
und der Konzepte.
Dem Grab der Urteile
und der Sehnsüchte.

Noch immer schlägt
die Trommel ihren Takt.

Und die Auferstehung
in die Zeitlosigkeit naht.

Hungerleidergedicht

Hunger haben,
vor lauter Gier
fast aus der Haut fahren,
aber nur nicht zugeben,
daß mir's Herz fast zerspringt.
Immer cool bleiben,
den Besserwissi 'rauskehren,

und sich einen Dreck
um's eigene Seelenleben
scheren.

Jetzt reicht's!

Ich reiß ihn ein,
den Sockel, auf dem ich steh,
damit ich endlich zu dir hin geh'.
Die Geschenke auspacken,
die ich schon vor langer Zeit
bekam,
und
einfach nicht nahm.

SEIN LASSEN

Das Loslassen
sein lassen.
In den Fluß steigen,
zum Fluß werden,
im Fluß sein.

Unwiderstehliche Bewegung
der Sanftmut.
Nichts von Beharrlichkeit,
kein Wollen,
noch Müssen,
nicht mal ein Ja.

Die Wegzehrung des Wandels
ist bewegtes Still-Sein.

Willkommen daheim!

PRALLE LEERE

Wenn ich gut mit mir bin,
dann bin ich auch gut mit dir,
und dann darf zwischen uns
diese pralle Leere
entstehen,
die uns so tief bewegt,
die so schwer auszuhalten ist.

DURCHBLICK

Wenn du hindurchschaust
durch die rauhe Schale
der Ängste und Wunden,
der Konzepte und Vorstellungen,
der Verletzungen und Härten,

kannst du die Schönheit
meiner Augen sehen.

Du siehst das Funkeln
meiner Seele.

Gott lächelt dich an.

Herzensstimm'

Ja mei.
Wos solle blos macha?
Nix!
Ois scho bassiert.
Nix des mehr bressiert.
D' Engl oder da Deifi

- wer woaß des scho -

stengan parat.
Und du konnst as bloß nema,
egal wos kimmd.

Es is genauso für di bestimmt.
Spreizd di mit aller Kraft dagegen,
zoist dafür mit deim Lebn.

Ja, Himmelherrgottsakradie,
des mit dera Hingabe,
lern i wohl nie.

Geduld, Geduld
grummelts aus oana Eckn
von meim verstaubten Denkakastl.

Wer se auf sein Plotz stellt
in da Welt,
der zählt.
Und er is ghoidn
von da Kraft
seiner Sippschaft.

Da Rest kimmd von selba.

Ungeduld

Fetzen von Haut
zerfleddern meine Hand.
Machen sie rauh und spröde
und wenig schön.
Wie eine Schlange schuppt sie sich,
damit das Neue, Zarte, Weiche
sich zeigen kann.
Bis auch das stirbt und geht.
Und jedesmal wieder hasse
ich die lange Zeit des Übergangs.
Fange an zu zupfen und zu fieseln,
und mache alles nur noch schlimmer.
Der Weg vom Tod ins Leben
braucht wie alles andere auch,
die ihm gemäße Zeit,
ob es mir paßt oder nicht.

Verbunden

Hochmut trennt.
Demut verbindet.

Verbindung.
Quelle des Lebens,
Speise, Nahrung.

Wie die rote Wolke,
von der untergehenden
Sonne gemalt.
Wie die Fliege,
die durch meinen Herzenswind streicht,
bin ich ein Teil vom Ganzen.

Nicht mehr und nicht weniger.

DA HIRNI

Eigsperrt in seim Denga.
Karussell und Achterbahn zugleich.
De Bilder verliern de Ränder
und ois wos fest war werd weich.

Da Kreis schliaßt se zum x-ten mal.
Blosn im Gehirn
werd' er bald griang,
find er ned endlich an Kanal,
a heiße Spur
auf seiner Lebensuhr.

Wia in da Werbung

Wo's Wolln aufhört,
weil's nix mehr zum Wolln gibt,
do rührt se

- da Hader
- da Groll
- de Vazweiflung

und

- de Ohnmacht

Und wia in da Werbung
preisens mit Penedranz eana Produkt,

de Hingabe

Und wia in da Werbung,
wenn's ma lang gnua neidruckt
worn is,
glange endlich zua.

Und wida is a Marktlückn gschlossn.

Die Frau mit dem Augenbrauenring

Ring an der Braue,
greift wie eine Klaue
mir tief ins Hirn,
durchdringt ihre Stirn,
im Licht der Eitelkeit,
macht sich in meinem Denken breit.

Welches Sehnen ist da eingezwickt?
Wird durch das Besondere ausgedrückt?
Gelten die optischen Hiebe
einer fehlenden Vaterliebe?
Oder ist's das stumme Schrein
von dem Mädchen klein,
das ungehört im Bette steht,
während schier endlose Zeit vergeht?

Des Rätsels Lösung
werde ich nicht finden,
nicht den tief'ren Sinn ergründen.
Oder hab' ich einfach nicht beachtet,
daß wie in einem Spiegel,
ich in ihr,
hab' nur mich selbst betrachtet?

Lied eines Ungeduldigen

Wenn da nichts ist, nichts kommt,
dann hilft auch kein Suchen.

Denn nur, weil ich etwas mache
und schaffe und tue,
muß noch lange nichts geschehen.

Manches will aus sich selbst entstehen.

Deshalb genügt es oft zu sitzen
und zu warten,
bis er dann etwas hergibt
mein Seelengarten.

Depression

Auf'm Stui hocka
wia a kloans Kind bocka.
'S Kastnflimmern
duad an letztn Lebensgeist
zertrümmern.

Fest an d' Heizung drucka.
Außer mit da Heizung
mit neamad mehr zamarucka.
Oa Bier nochm andan dringa.
Bloß schene Sachan denga,
aber koan Strich dazua doa,
denn do dazua fühlst de z'kloa.

D' Hoffnung fast scho aufgebm.
Bloß am Klo no merka,
daß'd ned aufg'hört host zum lebn.

Bassiert des ois mit oana Person
dann nennt ma des a Depression.

Unter Palmen (Gedanken über's Loslassen)

Ein Kokosnußnest
hoch über mir,
sieht aus
wie eine Himmelstür.

Wenn jetzt
der Baum losläßt,
ist's vorbei mit mir.

Lied an das Verborgene

Möglicherweise verstehe ich noch
nicht was das alles soll,
bin verwirrt,
mein Kopf ist voll.
Treib auf einer komischen Welle.
Such' das Glück auf die Schnelle.
Streb' gar zu forsch zu einem Ziel,
ganz entgegen deinem Stil.
Spiel mit meinem Herzen,
ohne Gefühl,
was wirklich ist.
Hab' jedoch das Vertrauen,
daß du mich bemißt
mit gütigen Augen,
weil auch der Irrweg zu dir führt,
wenn der Suchende
nur ein einziges Mal
hin zu seinem Herzen spürt.

SAGE MIR WER DU BIST

Ich bin das Fließen
und der Stein,
die Welle und der Fels,
gegen den sie schlägt.

Ich bin Wind und Hauch.
Ich bin Lauschen, Rauschen, Tosen.
Ich bin Stille,
bewegte Stille.

Ich bin ein blökendes Schaf.

Ich bin endlos viele Bilder
und
ich bin verbunden mit dir.

Achtung und Liebe
fließt aus meinen Augen.

Es öffnet sich eine Tür.

Angst vorm hifoin

Wia Blei ...
tropft da Zeiga von da Uhr.
Mei denga findt koa Rua.
Suacht nach Sicherheit
und an Boden unter de Fiaß.
Mecht ois fest in meine
Händ hoidn,
und geht doch ned.

Auslassn -
und spürn,
daß d' trotzdem ghoidn bist.
Des macht wirklich frei
und kost koa Kraft.

Wenne ned soviu Angst
vorm hifoin hätt'!

In der Natur

Mutter Erde

Auf der Erde liegen,
fast mit ihr verschmelzen.
Den Staub in meinen Haaren,
unter meinen Nägeln,
zwischen den Zehen.

Drei Tage erst bin ich mit
dir so nah' auf du und du
und bin dir doch schon ein ganzes Stück ähnlicher.

Ich mag das,
weil ich spüre,
daß du mir gut tust.

Ich mag deine Nähe.
Du gibst mir Kraft.
Du nährst mich,
obwohl ich faste,

und deine grenzenlose Liebe ist unfaßbar,
wenn ich bedenke,
was ich dir schon alles angetan habe.

Mir tut's heute, hier
von Herzen leid,
und ich gelobe Besserung!

REGENBOGEN IN DER STADT

Plötzlich,
mitten im Getöse,
bist du da,
schön,
einfach wunderbar.

Mein Herz,
es wird schwer,
denn es ist nicht mehr,
was noch war,
als ich dich zum letzten Male sah.

Gemeinsam mit ihr
im Indianerland,
warst du der Freund,
der uns verband.

Alleine steh' ich nun da
in dieser hektischen Welt,
fast wie abgestellt.

Mein Blick versinkt
in deinem bunten Bogen
und wie von einer
unsichtbaren Schnur gezogen,
legst du dein Leuchten
um mein Herz
und linderst meinen Schmerz.

Danke lieber Freund!

Oktoberabend

Spazierengeh'
und meine Gedanken
in Wind hänga,
und wia a graoße Fahna
hintnnochziang.
Vom diaf durchschnaufa
nimma gnua griang.
S' Rauschn von de Blattl
ersetzt an Hifi-Turm
und da nachtdunkle Himml
griaßt sein Buam.

Da Oktoberwind
blost am Buam ins G'sicht,
zoagt eahm von fern
a kloans Licht,
des se im nächstn Moment
im Regentropfa bricht.

Da Tropfa moant,
da Bua soll geh',
dabei war's doch grod
in der Stille am See
so sche.

Der erste Schnee

Zerscht sigst bloß
a dichte, weiße Wand
und plötzlich
liegt des ganze Land
im schneeweißen
Winterg'wand.

War des sche,
kannt i mi no frein
über den ersten Schnee
und so wia d' Kinder
jubelnd durch d' Luft springa
und Liada singa.

Voller Freid
an erstn Schneeball drahn,
wenn de Flockn
ins Gsicht mir wahn.
Mid raode Backan
über'n Schuihof rackan,
d' Zipfelhaubn
über d' Ohrwaschln zogn
und a stattliche Rotzglockn
unter da Nosn drong.

So mecht i den erst'n Schnee dalebn.
Kannt ma ned wer no moi
mei Kindheit gebn?

Luxuswind

Wind auf der Haut.
Welch seltenes Kitzeln,
fährt durch meine Körperhaare.

Luxus pur

und doch die natürlichste
Sache der Welt.
Es geschieht jeden Sommer.
Aber wann schon,
bin ich mir selbst so nah',
daß ich die sanften Schauer spüre
und
auch noch genieße?

Sunset Beach

Wie er seine Farben
in den Himmel malt

Glitzernd perlt
die Perle Meer

Gecko-Gecko-Gecko

Dunkelschön
Fels ins Meer gekleckst

Gecko-Gecko-Gecko

Schwarzer Fischer
vor rotem Ball
Kitschroman
und doch real

BRACHLAND

Brachland -
Land der Entbehrung.
Wüste -
du karge Zeit.
Stätte des Sterbens und des Todes.
Ich will dich nicht länger
aus meinem Dasein verbannen.

Sei willkommen!

Bereite den Boden
für den Samen
der nährenden Fruchtbarkeit
in einer neuen Zeit.

Im Herbstwald

Den Rücken gestärkt
von meinem Freund Baum.
In mir angekommen,
bereit für die Welt,
klingt in meinen Ohren
das Blätterorchester
im Herbstwald.

Der Specht klopft
seine Morsezeichen
in die Rinde
meines Herzens.

Der Atem singt
im Takt der Baummusik.

Morgenröte,
Tagesbeginn.

Sanft schlagen
meine Wurzeln
in die Erde und
verbinden sich
mit meinem Bruder.

Ich oder er.
Wo ist der Unterschied?
Wer will das schon sagen?

Abend in den Inyo Mountains

So still,
daß ich nur meinen eigenen Atem hör'.
Ich, der nur die laute Welt kennt,
werde für einen Moment unruhig.

Was ist los?

Die Ruhe vor dem Sturm vielleicht?
Als solche hat die Stille nur noch
eine Daseinsberechtigung.

NEIN

Frieden.
Frieden um mich herum
und auch ich werde friedlich.
Nichts womit
oder wogegen es zu kämpfen gäbe.
Im besten Fall noch kämpfen
gegen mich selbst.
Aber auch das lasse ich.

So muß es sein,
wenn man wirklich zu Hause
angekommen ist.

Danke Mama Erde,
du Wunderbare du.

Alternativmedizin

Wie wild 'rumagieren.
Wüst tun und machen.
Nur weil ich's so gelernt habe.

Punkt! Stop!

Lauschen
horchen
erahnen

was der Baum
die Amsel
eine Fliege

mir sagen will.

Weise Ratgeber.
Medizin in der Hektik
unserer Zeit.

Ich muß die Medizin
mir nur von
Zeit zu Zeit
verschreiben
und
hören
horchen
lauschen.

HUNGER

Hunger,
ein flaues Gefühl im Magen,
ein Knurren.

Wonach gelüstet es mich?

Nach einem Leben,
erfüllt,
mit allem was dazugehört.

Hoch und tief,
rauf und runter.

Aber gelebt!

Nicht versteckt,
hinter der Angst vorm Tod,
schon die Todesstarre einstudiert.

Nehmen wie's kommt.
Mal ruhig,
'mal in voller Aktion.

Einfach den nächsten Schritt tun -
wirklich tun!

GOLDDISTEL

Du stechend zähe Kraft
gedeihst mit einem Minimum
an Lebenssaft.
Holst das Leuchten dir
vom grellen Licht.
Stichst und fügst dem
Unachtsamen Schmerzen zu,
bist dem Staunenden
wahre Wonne,
du fleischgewordene Sonne.

Der Wildbach

Manchmal höre ich,
wie mein Herz pocht,
und wie mein Blut
durch die Adern rauscht.

Ich bin ganz still.
Es ist ganz still.

Nur in mir,
in meinem Körper
ist ein Tosen und Rauschen
als säße ich mitten
in einem Wildbach.

Innen wie außen -
kein Unterschied.

So schön,
so wild.
Natur pur.

Warum nur
achte ich nicht auf sie
und hege und pflege sie,
statt sie zu zerstören?

Wind

Wind,
du kühler Freund.
Wind,
du fauchendes Monster.

Je nachdem,
wie es in mir aussieht,
bist du mir genehm
oder verhaßt.

Dich jedoch stört dies wenig.
Du singst dein Lied,
egal ob dir
jemand zuhört
oder nicht.

Begegnungen

Königin der Liebe

Königin
der Liebe und des Lebens.
Lehre mich
die schwerste Lektion.

Mich hinzugeben.
Dem Moment.
Dem Jetzt und Hier.

Lehre mich das Sterben
des vorgeprägten Augenblicks.
Schenk' mir die Verzweiflung
des Ungewissen.

Göttin wirf mich hinein
in meine Hölle des Fassadenglücks.
Opfere mich der Leidenschaft
meiner Triebe.

Zerschmettere mein Haus
der Selbstzufriedenheit
und reich' mir nicht die Hand,
wenn die Angst mich verbrennen will.

Zwinge mich über mich hinaus.
Dorthin wo ich bin,
um einfach
mit dir
zu sein.

BERÜHRUNG

Wie Schokolade
an der Heizung
zergehe ich
unter
deiner
meiner
Hand.

Berührt von dir,
bewegt von mir,
erschüttert
von dem

zwischen

dir und mir.

Menschenjunges
neugeboren.
Den Kontakt
zur Quelle
noch nicht
verloren.

SCHMETTERLING

Du bist
wie dieser Schmetterling,
der sich zeigt
in seiner ganzen Pracht.
Er schenkt mir
einen Tanz der Freude
und der Schöpfung.

Ich möchte ihn gerne
fangen und festhalten.

Und weiß doch genau,
ich würde ihn töten.
Gerade die Spannung,
wie lange er sich noch
verschenken wird,
läßt ihn so reizvoll sein.

Gut,
daß es so ist wie es ist,
denk ich noch,
als der Schmetterling auf meiner Brust landet,
ganz nahe meinem
Herzen.

UNERWARTETE LÖSUNG

Die Liebe zu dir
ist
die Liebe zu mir
und
sich fallen lassen
in die Haltlosigkeit
im Wissen
gehalten zu sein.

Liabe Muatta, liaba Vatta

I dank' eich sche!

Für's Lebm
und ois Andere.

I geh etz mein eigna Weg.

De Geschenke,
die ihr mir gebm habts,
i nimms olle mid.
De san koa schware Last.
Im Gegenteil,
sie gebm ma Kraft.

Und wenn de Zeit dafür is,
gibe ebs weida von dem Guadn
wos ihr mir gebm habts.

I dank eich sche!

Eia Bua.

Lichterspiel im Café

Blütenleuchten im Blondhaar.

Zigarettenqualmgeister erzählen
vom Leben.

Glitzerauge greift porentief
unter die Haut.

Cappuccinoschneewinter
im leeren Glas.

Tanzendes Flockengedicht
vor der Scheibe.

Gesicht,
in Tag und Nacht geteilt.

Lampenscheingespräche
auf dem schwarzen Lacktisch.

Hineingestorben
ins Spiel der Farben.

Wiedergeboren
durch das Kaleidoskop
der Möglichkeiten.

BEGEGNUNG

Tief in mir
und
ganz bei dir
leuchtet dein Lächeln
wie ein göttlicher Funke
auf deinem Antlitz.

Seelenglitzer

In diesem Moment
zeugen deine Lippen
und das rosige Weich
deiner Wangen
von Schönheit
und Liebe
der Schöpfung
in vollendetster Form.

Ode an die Instanz, die mich so reich beschenkt

Kämpfst allzeit mit den dunklen Mächten
und bist doch ihr Freund.

Zögerst nicht, der falschen Heiligkeit
zu widersprechen.

Willst nichts und niemand ächten.

Fährst mit deinem Rechen
mir durch's Haar der Offenheit.

Schenkst mir zur rechten Zeit
die Freude und auch das Leid.

Und wenn ich nach dir lausch',
erfüllst du mich mit einem Rausch,
der mein ganzes Sein belebt,
mich für Momente in deinen
Himmel hebt.

Danke!

TEUFELSAUGEN

Wenn ich dir in die Augen schau,
seh' ich den Teufel.
Den Teufel, der keine Gesetze kennt.
Der Lust in der Vernichtung findet.
Dessen beste Freunde
die dunklen Mächte sind.
Und es entbrennt in mir eine
lichte Kraft,
wohl wissend,
daß die Dunkelheit,
die du mir zeigst,
verkrochen in einer finstren Ecke
meiner Seele hockt,
darauf hoffend,
daß du sie endlich zum Leben erweckst.

Perlenfrau

Perlen säumen deine Mitte.
Sind Zeugen höchster Blüte.
Schillerndes Kugellachen
fegt hinfort jenen Drachen
der steinernen Leblosigkeit,
der doch nur kaltes Feuer speit.

Geschmeidiges Geschmeide
krönt dein Herz aus reiner Seide.
Und so wie der Silbermond
der dunklen Nacht
am Himmel thront,
füllt deine Pracht
in mir
jenen offenen Raum,
der bereit ist für den Traum
von Liebe,
die bei mir nicht beginnt
und
bei dir nicht endet ...

Verwandlung

Zwischen dir und mir
liegt das Meer.

Das Meer, das verbindet
und trennt,
das eint und entzweit.

Das Meer der Sehnsucht
und des Nicht-verstehens.

Es ist allein an uns,
uns mit den Delphinen
zusammen zu tun
und dieses Meer
zu einer riesigen
Spielwiese zu verwandeln.

S' Kachlbauschmädel

Oh Mädel,
du bist neig'schwoaßt
in mein Schädel!
Du host de festgsetzt
wia a Zeck
und sich dagegen wehrn
hod gor koan Zweck.

Du host mi wia an Rauch
vo da Zigarettn aufg'sogn.
I bin g'fanga, verlorn und
fasziniert von deiner Person.

Du bist a riesiger Wattebausch.
I laß mi foin und
genieß den Rausch.
Du host so vui Wärme,
als warst a menschlicha
Kachlofa.
Von dem schwärm i,
an den mecht i mi hocka
und ganz fest onedrucka.

Und da schenste Gedanke
is dabei,
i kannt a Scheit von
deim Feier sei!

SONNENAUFGANG IM FLIEGER

Über den Wolken
"Morning has broken"
Sonne sticht
mir
ins Gesicht
Augen noch rot
Seele im Lot
Verschlafen der Blick
eine Ahnung von Glück
Gedankenhüpfer zu dir
ein Lächeln in mir
und
im Osten meines Herzens
geht die Sonne auf ...

MIT DIR SEIN

Ohne Botschaft.
Reines Schauen.
Spiegel,
innen wie außen.

Tröpfelmusik.

Leergespült.
Fassadenglück zertrümmert.
Offen und wund.
Ungekämmtes Herz.

Überlegung keine.
Ausgeliefert.
Momente der Ewigkeit.
Voll Vertrauen mich verlieren.

Kopfjaulen
und
Gedankenbeschwerden.

Aufgesogen.
Rauschlos.
In Wärme
innen im Fluß.

Wagnis der Wunde.
Ich - zerschmettert,
plattgewalzt.

Heulen und Zähneklappern
und doch ...
Wund sein, heißt spüren.
Den Streichelwind
aus deiner Mitte.

Atmen.
Auflösen.
Vergehen.

Brunnen der Liebe

Brunnen der Liebe
von dir koste ich
von dir trinke ich
zu dir gehe ich
von dir komme ich

Der Brunnen
der Liebe
bin
ich

Herzenswunsch

In meim Herzen
brennt a Kerzn
a Liacht
a sanfter Schein
a warmer Schauer
griacht
hoffentlich auf Dauer
über de Mauer
der Dunkelheit
und macht se
in meim Wesen breit.

Genau so

Wie die Sonne,
die sich im Eisbach
spiegelt,
legt sich deine
Erscheinung
auf die Heckenrosen
meines Wesens.

Torkelnd
beweg' ich mich
durch den Irrgarten
der Worte.
Nur um dir zu sagen,
daß ich dich,
genau so,
wie du bist,
mag.

BEREIT ...

Alles ist gut.
Alles ist gut.
Es braucht nur Mut.
Ein offenes Herz
und
die Bereitschaft,
in den Fluß zu springen.
Heimkunft
ist
wird
war schon immer.
Alles ist gut.
Alles ist gut.

Die Flucht

Wehe,
wenn dein Blick mich trifft,
und es mir nicht rechtzeitig
gelingt, die Augen zu senken.

Dann könnte passieren,
daß du für Momente
mir den Schleier von der
Seele reißt
und der Boden
mir verloren geht.

Was bleibt dann noch?

Ich weiß es nicht.
Eines jedoch weiß ich genau.
Gelingt die Flucht,
bleibt die Sehnsucht
nach Kontakt und Nähe.

Rose

Rose,
duftende Freundin,
zartweiche Haut
verströmendes Leben
im Herzen getraut.

Ihre kräftigen Triebe
streben zum Licht,
dem ewigen Feuer
und verbrennen doch nicht.

Von Liebe gelenkt,
die niemals verbrennt,
nur
sich selbst verschenkt
wieder und wieder.

Sie senkt ihre Lider
und ohne zu (er-)warten
schmückt sie deinen Garten.

Meditation

Das Licht im Herzen
brennt unspektakulär
und stetig.

Sehr tief,
sehr ruhig,
sehr friedlich.

In Stille
weich und sanft der Schein,
der das Sein mit
unwiderstehlicher Wärme durchdringt.

Wesentliches wird erfahrbar.
Ein Beben von Sanftmut.
Kraftvoll wie Wasser,
das den Stein höhlt.

Gleichmaß erzeugt Gleichmut
und umgekehrt.

Mut zur Stille,
die tönt wie ein ferner Glockenschlag.

Es gibt kein Tun noch Nicht-Tun.
ES schwingt im schlichten Sein.

Keimt, blüht, verwelkt, keimt, blüht, verwelkt ...

Abschied

Abschied II

Es duad einfach nur weh
und du konnst nix doa,
bist wia a ogschossns Reh,
liegst do wia a Stoa.

Wund,
richtig wund is da im Herz
und trotzdem,
es is hoid koa Scherz.
Du konnst,
du muaßt es so nema
wias hoid is.
'S Schicksoi
fordert sein grausamen Preis.

Und ganz leis
höre a Stimm':

"Ja,
des is wirklich schlimm.
Aber dei Geschenk is scho bereit.
Es is hoid no ned dafür Zeit.
Aber wenn's das nimmst
des Schware,
laßt's Guade nimma lang
auf sich wartn,
und er werd wida blüahn
dei Seelengartn."

So hods Schicksoi mit mir gredt,
und a bissl wos hods ghoifa.

Abschied III

Heid bin i gstorbm.
A Teil von mir is gstorbm.
So nah bist du mir no
und doch scho so weit weg.
Mei Herz

zafetzt!!

Es schmerzt und es duad weh,
es schreit nach dir.
Wund brennts wia Feia.
Es huifd nix..
Langsam senkt si da Kopf vor dera Aufgab'
- manche nennas Schicksoi
und a bissl werds leichta.

Verfluacht und vadammt sollts
sei ihr Götter,
daß zma a so weh deads!

Trotzdem-
danke für eia Geschenk,
de wunderbare Zeit mit ihr,
und den neia Weg.

I geh na ....

Abschied IV

So wia da Baam
de Blattln foin laßt,
weil's einfach so is
wias is.
Der ned fragt
warum und weshalb,
der selbstverständlich
as Gesetz der Natur
befolgt,
ohne über
guad oder schlecht
zu philosophieren
- einfach so -
dade de gern
geh' lassn.

Leb' wohl!

Trost

Wenne traurig bin und an Kopf hänga laß
und ois so sei derf wias is,
dann duads erst amal no mehra weh,
aber plötzlich irgendwann,
- ganz untn -
am diafsten Punkt
draht se wos um
und es werd leicht, wos schwar war
und es werd stark, wos schwach war.

Wenne des ned wida vagiß
dann werds für mi immer
an Weg gebm.

Mann sein, Mann werden

Manngeburt

Aufhören zu suchen,
in den Seelengarten treten,
wie ein Berserker fluchen,
und aus vollem Herzen beten.

Wachsen an der Aufgabe,
den Speer in der Hand,
eine Ahnung von Hingabe,
durchstreifen wildes, unbekanntes Land.

Reisen in fruchtloser Weite,
heiter im Gemüt,
klingt eine silberne Saite,
vom Tanz der Jäger erblüht.

Eine Gebärde wie ein Schrei
füllt den hungrigen Bauch,
setzt all' die schlimmen Monster frei,
erfüllt den ewig alten Brauch.

Ein neuer Mann scheint geboren,
hat doch nur sein Wesen
zu seinem Selbst erkoren.

Träume eines Softies

Zungenpropeller,
sekündlich schneller.

Schnaufen grunzen stöhnen.

Jeden Gedanken ablassen,
Heißblütig ihre Brüste fassen.

Mit jedem Stoß der Lust,
tierisch nur der Wollust frönen.

Begierden leben,
frei von Frust.

All die Zeigefinger
über Bord werfen,
stattdessen in feuchte
Höhlen stecken.

Endlich einmal Schwein
sein dürfen,
all die Säfte
riechen schlürfen,
schmecken
und auch lecken.

Mich dem Tier in mir
'mal anvertrauen,
und ihn begraben
den scheinheiligen
Softieclown.

Das wär' jetzt endlich
angebracht,
und zwar
mit Haut und Haar,
nicht nur gedacht,
nein
auch gemacht.

Dank an meine Tränen

Ich dank euch für die Schmerzen,
die ihr von mir genommen.
Danke für das Fließen,
das in euch ist.
Danke für die Kraft,
die ihr zum Leben erweckt.

Danke für das Licht,
das ihr ins Dunkel bringt.
Danke, daß ihr mein Herz
bewässert und neue Triebe
wachsen laßt.

Danke, daß ich nie
in euch ertrinke.
Danke für den Frieden,
der aus euch fließt.
Danke für die Schönheit,
die ihr mir schenkt.

Und zu guter letzt:
Danke dafür,
daß ihr mich nie verlaßt.

Vater

Vater, lieber Vater mein!
Ich bin dein Sohn
und doch nicht dein.
Du bist groß
und ich bin klein.

Will an deinem Thron
nicht mehr rütteln.
Bin doch nur dein Sohn,
ohne ein Recht
dich zu bekritteln.

Warst mir immer
im besten Sinne.
D'rum halt ich jetzt
inne,
um im rechten Maß
dir Ehr' zu schenken.
Es hochzuhalten
dein Andenken.

Natürlich hast du mich
verletzt und fortgestossen,
ja auf meinem Leid
deine Seel begossen.
Doch weiß ich heute
sehr gut,
du hattest auch den Mut,
mir dein Herz aufzutun.
Ich konnt' immer
in der Gewißheit ruh'n,
als dein Kind
geliebt zu sein.

Was kann ich mehr erwarten?
Sicher keinen Vater
mit Heiligenschein.
Dafür betret' ich nun den Garten,
den du mir geschaffen,
werde all' meine Manneskraft
zusammenraffen,
um es zu deiner Freude
dir gleichzutun.

Damit ich einst
an deiner Seite,
wenn ich dich auf deinem
letzten Weg begleite,
dir mit Freuden schenken kann,
was ich von Anfang an
von dir bekam.

Credo für den Macho

Ein Macho will ich sein.
Einer der zum Mannsein steht.
Dem beim Anblick einer schönen Frau,
das Herz und Anderes aufgeht.
Der sich auch nicht dafür schämt,
sein Jägerblut nicht zähmt
und verdrückt,
nur weil es sich bei uns nicht schickt,
sich so zu zeigen wie Mann wirklich ist.

Weil ich mir das nicht nehmen lasse,
gehört zum Mann von meiner Klasse,
auch das Zarte und das Weiche.
Kommen beide Seiten zu ihrem Recht,
dann erst fühle ich mich wohl mit meinem Geschlecht.

KRAFTPROTZ

Angst vor meiner Kraft

Angst vor dem Killer in mir,
dem wilden Tier,
das zerfleischt, zerfetzt,
rasend die Zähne fletscht.

Soviel Energie und Power
liegt in meinem Schoß
auf der Lauer.
Wartet nur darauf sich endlich zu zeigen.
Doch dann wär's vorbei mit den bequemen
Softiezeiten.
Das hieße aufstehen,
tun was als nächstes getan werden muß,
mir selbst
und meinem Weg verpflichtet
und tierische Freude ins Leben bringen.

Ob das nicht etwas viel verlangt ist?

Lied an die Weiblichkeit

Hey,
du unbekanntes Hexenwesen,
fegst mit deinem Besen
mir ständig durch den Sinn,
ja du gibst dich sogar hin.
Willst mich manchmal schier verschlingen,
tief in meine Seele dringen,
ziehst mich in deinen Bann,
und doch irgendwann,
bleibt mir nur die Furcht vor dir.
Denn im Dunkel von deinem Schoß
werden die Dämonen riesengroß.
Vorbei ist's mit dem wilden Stier.
Trotzdem weiß ich tief in mir,
bin ich auch ein Teil von dir.
Den will ich endlich 'mal verstehen,
und hin zu meiner Quelle gehen
um mich wirklich aufzutun,
und zurückzukehren mit neuen Schuhen.
Vielleicht erkenn' ich dann,
was ihn ausmacht,
den neuen Mann.

Panzerknacker

Gesprengter Panzer,
tief im Schlund.
Dort bin ich zart und weich
und sehr wund.
Das Leben pulst
genau an dieser Stelle,
wie an des Flusses Quelle.

Und doch, wie gerne noch
stelle ich mich tot.
Heute ohne jede Not.
Nur weil ich mich sicher weiß
hinter jener dichten Wand.

Zartes, weiches Fleisch jedoch
möcht' berührt, gehalten,
gebettet sein.

Nun ist's an mir
für mich zu sorgen.
Ihn zu öffnen,
den alten Schrein.
Und ich riskier's:
Bitte dich herein.

Bitte dich:
sei achtsam!
sei sorgsam!
denn ich besitze
auch ein Schwert,
und ich würde es benützen,
müßte ich mich vor dir schützen.

Der Weg

Zauberstein,
du weiche Hand
funkelndes Naß
aus finstrem Land
Spukschloß der Ängste
vertrieben,
ins Tal der magischen
sieben
Zerberus am straffen
Band
Heimgekehrt aus Drachenland
Floß der Heilung
treibt im Strom
Manngeborener,
Vaters Sohn
Steckt den Pfahl
in schwere Erde
huldigt jenem
Stirb und Werde
Ob Busch, ob Mensch,
ob Tier
Der Weg beginnt
und endet hier.

Geständnis eines Jägers

Rastloser Hengst,
wie du mich drängst,
fort zu den Weibergestaden.
Willst in wüsten Säften baden.

Hast nur das lodernde Feuer
im Sinn.
Gibst dich ganz den triefenden
Wonnen hin.

Nur einen Haken
hat das Ding,
daß ich kein seelenloser
Rammler bin.

Das Herz spielt mir
einen Streich,
Macht mich wieder
engelsgleich.

Was soll's,
die Entscheidung ist mir
abgenommen.
Diese Blüte
hat ein Anderer
bekommen.

KONTAKTANZEIGE

Wie ein wilder Pavian,
springt er nun,
der neue Mann.

Hört in den Lenden
seine Kraft pulsieren.
Wie das Blut
durch seine Adern schießt,
kann er nun
das Leben spüren.
Wo es sich jetzt
ganz ergießt,
öffnen sich
lang verschlossene Türen.

Welche SIE
kann das ertragen,
ohne nach dem Sinn
zu fragen,
ist bereit sich aufzutun,
Ohne Angst
und ohne Zagen
Ganz die wilde Eva sein,
Ohne einen Heil'genschein?

Auf dem Weg

Ist's der Weg
oder der?
Vielleicht ja doch dort
übern Steg.
Ich frage mich so sehr,
wohin der Schritt
mich führen soll.
All' das Sinnen
und verquere Hirnverrenken
will mir keine Lösung bringen,
eine Antwort nicht gelingen.

Verzweiflung naht
und Wut so groß,
finde keinen Draht
zum Schoß,
der Klarheit heißt.
Bin mit der Gewohnheit
so verschweißt,
daß kein Zetern und kein Klagen
nützt in diesen Tagen.

Nur Vertrauen in das Leben
will mir den Funken geben,
den man Hoffnung nennt.
So find' ich nun ein gutes End',
indem ich den Stift zur Seite leg'
und ihn betrete, meinen Weg.

Denn dort, wo Handlung geschieht,
sogleich die Schöpfung niederkniet,
dienend in ihrem Geist
mit dem Sein verschweißt.

Weltenlied

Durch's Tor nach draußen treten,
sich von der Fülle nicht erschlagen lassen,
im eigenen Schoß die Heimat wissen,
am Fleisch die Grenzen und den Rausch erfahren,
ahnend den Weg alles Irdischen,
was zu greifen,
und doch unbegreiflich ist.

Ja zum Leben, ja zum Tod.
Nein zum Leben, nein zum Tod.

Was kümmert's die Welt?
Sie wird sein,
wie's ihr gefällt,
und ich gebe meinen Teil dazu,
gemäß meiner Aufgabe,
zu der ich einst
aus freien Stücken angetreten.

Bei den Tibetern

LICHTERFRAU

Goldbronzenes Lachen,
gemalt vom Schein
der Opferlampen.

Traumwahr,
echt und seelenklar.

Kristall in dunkler Nacht.
Die Herzenswächter weggelacht.

Der Same ist gepflanzt,
in mich hineingetanzt.

Welch' Freude in mir drin,
einfach dafür, daß ich bin.

Stupa's Buddha Eyes

Wer schaut so beständig mir
in die Augen
wie du Kleinod,
so groß gebaut,
So herzvertraut
leuchten deine 108 Lichter
tief in meine Seele,
saugen die Hektik aus meinen Knochen,
pflanzen den Frieden mir ins Mark.

Magischer Ort,
sachtes Lachen auf meiner Haut.
Leben an der Nabelschnur der Freude.
Natürlich, einfach,
ohne Makulatur,
nach der Uhr,
die das Leben
mir gegeben.

ARBEITSEXERZITIUM

Ich kehre den Boden.
Ich kehre die Blätter,
den Staub,
die Späne.

Wozu?

Ich
kehre
kehre
kehre
kehre
kehre
kehre
kehre.

Blankgeputzte Seele.

Ein Lachen.

Leben an der Stupa
(Dank an die Tibeter)

Buntes Fahnenmeer
schenkst dem Wind
dein Gebet.

Schlichte Vielfalt,
versunken im Gurgeln
der Herzensworte

Mühlen drehen
sich im Kreis,
geben ihre Geheimnisse preis.

Füllen den Raum
mit jenem Traum
von lichter Kraft,
wie ihn nur echte
Hingabe schafft.

Offener Blick
führt mich in den
hellen Bereich
meines Innersten,
entläßt mich dort
bei mir daheim,
und es wächst der Keim
der Liebe zu mir,
bereitet den Boden
für ein fruchtbares Wir.

Totenverbrennung am heiligen Fluss

Als wollte er sich gegen das Unvermeidliche wehren, spreizt er seine
Zehen, die schon zur doppelten ihrer gewohnten Größe angeschwollen.
Schwarzbraune Blasen drehen ihn merklich in meine Richtung und die
Zehen spreizen sich noch mehr.
Leichtes Knacken kündigt den endgültigen Abschied vom Rest des
Körpers an.
Lautlos rutscht der Stumpf vom Scheiterhaufen.
Grünlich phosphorizierend schimmert im Licht der Sonne, was einmal ein
Schienbein war und den Menschen durchs Leben trug.
Kein Jammern, kein Klagen,
nur betrachtende Stille geleitet den Abschied vom Fleisch.
Beißender Rauch mit süßlichem Gestank trägt das Unsichtbare hinfort.
Der Totenmeister erledigt seine Aufgabe gründlich.
Mit 2 Holzstöcken - für die bloße Hand wäre er zu heiß -
hebt er den Stumpf auf und gibt ihn zurück ins Feuer.

Ich gehe in Helen's Cafe und bestelle Apple Strudl
with Cream.

Für Sogyal Rinpoche

Orangebraunes Licht,
milde Herzenssonne,
wallendes Gewand,
du Flächenbrand
der Liebe
bettest mich in eine Wiege,
angefüllt mit Frieden,
wie er nur in mir zu finden.

Der Weg ist schon bereitet,
und von deiner Hand geleitet
folg' ich voll Vertrauen dir
in jenes Land,
in dem schon Gautama
seine Heimat fand.

Für dein lebendes Beispiel
dank ich dir aus tiefster Seel'.
Ein Hoch auf dich,
du funkelndes Juwel!

Stefan Wolff

Stefan Wolff begleitet seit 20 Jahren als Pädagoge Menschen. Während der Ausbildung zum Initiatischen Therapeuten und auf zahlreichen Reisen gewann die transpersonale Welt mehr und mehr Bedeutung in seinem Leben. Seither ist es sein Ziel, die „große" Welt in der „kleinen" Alltagswelt durchscheinen zu lassen.
In seinem Gedichtband „Wolfenherz" - der Essenz von 20 Jahren persönlicher Verwandlung - gelingt es ihm, feine seelische Entwicklungsprozesse des menschlichen Daseins in kraftvoller, bodenständiger und vor allem authentischer Sprache auf den Punkt zu bringen.
Seine „Initiatischen Gedichte" dokumentieren den Moment der Erkenntnis, des tiefen Verstehens und der unumstößlichen Erfahrung von Verbundenheit mit dem Göttlichen in uns.
In Vorträgen und therapeutischen Sitzungen gelingt es ihm mit Hilfe der transformatorischen Kraft der Gedichte, neben dem Kopf auch das Herz seiner Zuhörer zu erreichen.

e-mail: wolff.st@t-online.de